Weitere Titel in dieser Reihe:
Dem allerbesten Vater
Dem allerbesten Ehemann
Willkommen liebes Baby
Dem allerbesten Sohn
Meiner großen Liebe
Allerbeste Glückwünsche
Glückliche Gedanken
    zum Hochzeitstag
Einem besonderen Lehrer

Der allerbesten Ehefrau
Der allerbesten Großmutter
Einer besonderen Tochter
Einer   besonderen Schwester
Einen besonderen Bruder
Einer besonderen Tante
Einer besonderen Freundin
Allerbeste Weihnachtsgrüße

© Helen Exley 1998

ISBN 3-89713-023-8

Alle Rechte vorbehalten. Das Werk, einschließlich aller seiner Teile, ist urheberrechtlich geschützt. Jede Verwertung außerhalb der engen Grenzen des Urheberrechtsgesetzes ist ohne schriftliche Zustimmung des Verlages unzulässig und strafbar. Das gilt insbesondere für jede Art von Vervielfältigungen, für Übersetzungen, Mikroverfilmungen, Einspeicherung und Verarbeitung in elektronischen Systemen.

Herausgeber : HELEN EXLEY
Text: PAM BROWN
Illustrationen: JULIETTE CLARKE
Übersetzung: HELLA BUSCHENDORF
Gedruckt in Ungarn

**Exley Handels-GmbH,
Kreuzherrenstraße 1, D-52379 Langerwehe-Merode**

Danksagungen: Die Veröffentlicher sind für die Erlaubnis dankbar, Copyright-Materialien reproduzieren zu dürfen. Obwohl alle Bemühungen unternommen wurden, weitere Copyrihgt-Besitzer zu finden, würde sich der der Veröffentlicher freuen, von jenen zu hören, die hier nicht aufgeführt sind. EILEEN CADDY: Verwendet mit Genehmigung von Findhorn Press. ELEANOR ROOSEVELT: aus"You learn by living", veröffentlicht von Harper Collins Inc. © 1960 E. Roosevelt, erneuert 1988, Franklin A. Roosevelt. MARGARET SLOAN-HUNTER: „Passing", aus „A Portrait of American Mothers and Daughters, veröffentlicht von New Sage Press 1987. Pam Brown, Charlotte Gray, Peter Gray und Helen **Thomson** © Helen Exley, 1998.

Wünsche für einen

TOLLEN GEBURTSTAG

Niedergeschriebene Gedanken von
PAM BROWN

Illustrationen von
JULIETTE CLARKE

Heute ist Geburtstag! Fülle Deinen Krug des Lebens bis zum Rand. Entspanne Dich, hab` Spaß. Möge das vor Dir liegende Jahr voller Liebe und Freundschaft sein.

. . .

≣EXLEY

Brussels, B - Merode, D - New York, USA - Watford, UK

HERZLICHEN GLÜCKWUNSCH ZUM GEBURTSTAG

Dieser Tag soll ein erinnerungswürdiger Tag sein. Möge Dir das kommende Jahr neue Hoffnungen, neue Anfänge, neue Abenteuer und neue Entdeckungen bringen.

...

Ich wünsche Dir Überraschungen und Wunder; und ich wünsche Dir Erfolg. Ich wünsche Dir Freude, Friede und tiefe Zufriedenheit. Und immer Begeisterung.

...

Du sollst Arbeit, Freude,
Chancen und Liebe finden,
nach der Du Dich sehnst.
Schau mit Hoffnung und Mut,
Zuversicht, Energie und Freude in die Zukunft.
Gestalte damit Dein Leben,
welches lebenswert ist.

...

Mögen Deine Augen noch klarer sehen.
Mögen Deine Ohren noch feiner hören.
Möge Dein Mund noch weiser sprechen.
Möge Deine Nase prächtige Düfte riechen -
das Meer und Rosen, frisches Brot und Schmalz,
die Düfte der Jahreszeiten.
Möge Deine Berührung Freundlichkeit und Trost spenden.
Möge sich Dein Geist an Forschungsprojekten begeistern.

...

Du sollst niemals aufhören zu suchen und
Herausforderungen anzunehmen.
Du sollst immer finden, was Dir gefällt.
Du sollst immer Freude am Leben haben.

...

PARTYZEIT !

Das ist Dein Tag. Das ist Deine Zeit.

Nutze sie nach Herzenslust.

Du hast noch genug Zeit vor Dir,

um non-stop vernünftig zu sein.

Denke daran: eines Tages wirst Du Dir ein ruhiges

Abendessen an Deinem Geburtstag wünschen -

mit Kerzenlicht, ein paar Flaschen Wein,

leiser Musik und angenehmer Unterhaltung.

Irgendwann.

...

Es gibt immer Möglichkeiten für etwas Verrücktes -

besonders an Geburtstagen.

Wenn Du nicht jetzt tanzen,

lachen und verrückte Dinge tun kannst -

wann solltest Du sie sonst tun ?

...

Beruf, Hochzeit, Kinder ...

Gute Dinge - vernünftige Dinge.

Aber laß`uns heute glücklich das Fest genießen.

...

Ich wünsche Dir einen glücklichen und
sehr, sehr lauten Geburtstag.
Verzeihe es nur den Älteren,
wenn sie sich in ein anderes Zimmer, oder auf die Straße
oder in die Stadt davonschleichen.

...

STREBE DANACH !

Mache Reisen. Tu` es. Es gibt nichts Schöneres.

TENNESSEE WILLIAMS (1911 - 1983)

...

Es ist später noch Zeit genug, vernünftig,

einsichtig und vorsichtig zu sein.

Aber jetzt - wage alles !

PAM BROWN

...

Das Leben ist eine große, gewaltige Prüfung.

Verwende alle Energie dafür, die Du hast.

DANNY KAYE (1913-1987)

...

Springe immer in die Mitte des Geschehens,

mach` Dir Deine Hände schmutzig,

fall` ruhig mal auf die Nase,

aber dann greif` nach den Sternen.

JOAN L. CURCIO

Die Welt ist so voller Wunder, die entdeckt werden
wollen. Laß` keinen Tag verstreichen, ohne
Dich selbst zu überraschen.

PETER GRAY

...

Ein perfekter Job - eine faszinierende Arbeit, nette
Kollegen, ein ausgezeichneter Verdienst, große
Möglichkeiten, Chancen zum Reisen. Das alles ist
irgendwo da draußen. Geh` und suche es. Es wartet auf
Dich. Das Schlimmste, was Dir im Alter passieren kann, ist
festzustellen, daß Du in der Jugend nie ein Risiko
auf Dich genommen hast, welches Dein Leben
verändert haben könnte.

PAM BROWN

...

Die größte menschliche Versuchung ist es,
sich mit wenig zufrieden zu geben.

THOMAS MERTON

MEIN GESCHENK FÜR DICH

Ich würde einen Stern herunterholen und ihn in eine
schöne Schmuckschatulle legen, wenn ich es könnte.
Ich würde - wenn ich es könnte - Liebe in eine große
Flasche füllen, so daß Du daran nippen
könntest, wann immer Du es brauchst.

ANNE SEXTON, IN EINEM BRIEF AN IHRE TOCHTER

...

Verliebtheit, Zufriedenheit und einen wißbegierigen Geist.
Das wünsche ich Dir ...
Und das verbunden mit der Fähigkeit, in anderer Leute
Schuhe zu schlüpfen und über Dich selbst zu lachen.

JONATHAN A. HUGHES

...

Was würde ich Dir schenken, wenn es in meiner
Macht stünde ? Keine großen Reichtümer,
aber gerade genug,
um Ängste fernzuhalten und Hoffnung in der Verzweiflung
zu bringen.
Keine große Schönheit, aber ein liebendes Herz.
Die Chance, Deine Fähigkeiten geschickt und klug
einzusetzen - um sich von der Welt abzuheben. Die
Fähigkeit, Dich zu erfreuen. Die Vorstellung,
Dir die Schönheit zu enthüllen, die Dich umgibt.
Mut, auszuhalten und zu wachsen.
Freude, Zufriedenheit, Liebe. Ein lebenswertes Leben.

PAM BROWN

...

FASSE MUT

Die Jugend ist die Zeit, Fehler zu machen.
So mach` sie mit einem glücklichen Herzen.

PAM BROWN

...

Meine Mutter lehrte mich, stolz und aufrecht
zu gehen, so „als ob die Welt mir gehöre."

SOPHIA LOREN, GEB. 1934

...

Jedes Hindernis ist wie eine Hürde in einem
Hindernisrennen. Wenn Du darauf zureitest
und Dein Herz hinüberfliegen läßt, wird auch
Dein Pferd springen.

LAWRENCE BIXBY

...

Kompromittiere Dich nicht selbt.

Du bist alles, was Du hast.

JANIS JOPLIN (1943 - 1970)

...

Du stolperst nicht einfach in Deine eigene

Zukunft. Du erschaffst sie Dir.

ROGER SMITH

...

Das Beste, was Du tun kannst, ist, an Dich

selbst zu glauben. Hab` keine Angst davor,

es zu versuchen. Hab` keine Angst

vor einem Fehlschlag. Putz` Dir den Staub ab

und versuch` es noch einmal.

JUDY GREEN HERBSTREIT
AUS EINEM BRIEF AN IHRE TOCHTER

...

GENIESSE ALLES

Hab` Spaß ! Freu` Dich auf die Jahre, die noch vor Dir liegen. Öffne Deine Arme für alles Schöne - öffne sie den Blumen und der Musik, allem, was liebenswert ist, dem bloßen Abenteuer und dem Erstaunen, der Liebe, den Freunden, denen Du noch begegnen wirst.
Sei unerschrocken. Sei neugierig. Sei liebenswürdig.
Entdecke die weite Welt.

PAM BROWN

...

Du kennst sie schon - Liebe und Gelehrsamkeit,
Abenteuer, Freuden und Sorgen. Sie waren aber nur ein
Vorgeschmack des Lebens. Vor Dir liegen mehr schöne
Jahre, als Du Dir vorstellen kannst. Freu` Dich darauf.
Verschwende nichts - leg` alles gut an.

PETER GRAY

...

Nimm` Dir die Zeit, freundlich zu sein.
Das ist die Straße zum Glück.
Nimm` Dir die Zeit zu träumen.
Das bringt Dich zu den Sternen.
Nimm` Dir die Zeit zu lieben
und geliebt zu werden.
Das ist das Privileg der Götter.
Nimm` Dir die Zeit, Dich umzuschauen.
Ein Tag ist viel zu kurz,
um egoistisch zu sein.
Nimm` Dir die Zeit zu lachen.
Das ist die Musik der Seele.

ALTES ENGLISCHES SPRICHWORT

...

WENN MAN VOLLJÄHRIG WIRD

Stell` Dir nur mal all die Dinge vor,

die Du jetzt tun kannst

- ganz offiziell !

PETER GRAY

...

Endlich bist Du frei -

durch keine Vorschriften eingeengt.

Nur die Liebe tut es.

Geh` raus in die weite Welt.

Schätze alles, was das Leben Dir bietet an

schönen Vergnügungen und reichen Erfahrungen.

Die Welt ist Dein Zuhause.

Alle lebendigen Dinge sind Deine Gefährten.

Alle Menschen sind Deine Familie. ...

Tritt ein in Dein Königreich.

PAM BROWN

...

TUE ES JETZT !

Jetzt ist die Zeit, all das zu tun,
was Du Dir in späteren Jahren nicht
mehr zutrauen wirst.

...

Geh` bis ans Ende der Welt,
wenn Du noch jung bist.
Lerne neue Erfahrungen kennen.
Entdecke Wunder.
Verschiebe es nicht,
sonst wirst Du Dich eines Tages nicht
mehr in der Lage dazu fühlen -
nur noch zu einem langsamen
Spaziergang um den Park.

PAM BROWN

...

Ein Leben ist gerade lang genug,
um etwas Lohnendes zu tun -
wenn Du jetzt damit anfängst.

CHARLOTTE GRAY

...

Hab` keine Angst davor, daß Dein Leben zu Ende geht;
Hab` Angst davor, daß es nie richtig beginnt.

GRACE HANSEN

...

Die Jahre vor Dir erscheinen endlos,
aber sie sind es nicht.
Fülle jeden Tag mit Freude, Arbeit und Liebenswürdigkeit
aus. Denk` an die Millionen, die gesagt haben:
„Eines Tages werde ich es tun, wenn ich die Zeit dazu
habe. Wenn ich das Geld dazu habe. Wenn ich den Gipfel
erreicht habe." Doch eines Tages mögen sie die Zeit und
das Geld haben und auf dem höchsten Gipfel sein,
aber das Alter hat die Sehnsüchte und
die Kraft dazu gestohlen.

PAM BROWN

...

Hör` auf, mit gefalteten Händen dazusitzen und
herumzuschauen und nichts zu tun.
Beweg` Dich und
lebe dieses volle und herrliche Leben.

EILEEN CADDY

...

SEI DU SELBST!

Die Herausforderung ist, Du selbst zu bleiben in einer Welt, die versucht, aus Dir jemanden zu machen, der so ist wie jeder andere.

RENEE LOOKS

...

Laß` es nicht zu, daß Dich andere unglücklich machen. Glaube an Dich, steh` für Dich ein und vertraue Dir.

JACOB NEUSNER

...

Du wirst auch noch Du selbst sein, wenn Du schon 94 Jahre alt bist. Dein Äußeres wird ein bißchen «angeschlagen" sein, aber im Inneren wirst Du immer noch der sein, der Du heute bist, nur klüger und umsichtiger, erfahrener - vielleicht auch eine Spur weiser - aber immer noch Du selbst. Du wirst alles überstehen.

PAM BROWN, GEB. 1928

...

Der beste Rat meiner Mutter war der:
„Was immer Du
im Leben entscheidest,
tue es nicht deshalb,
weil andere Dir dafür
Beifall spenden,
denn letztlich
sind wir alle allein."

ALI MACGRAW

...

Tue das, was Du möchtest! ...
Frage nicht, wonach
„sie" suchen da draußen.
Frag` Dich,
was Dich bewegt.
Folge nicht Deinen Launen,
die sich ändern,
sondern dem,
was Du bist und
was Du möchtest -
das wird sich nicht ändern.

GEORGIE ANNE GEYER

...

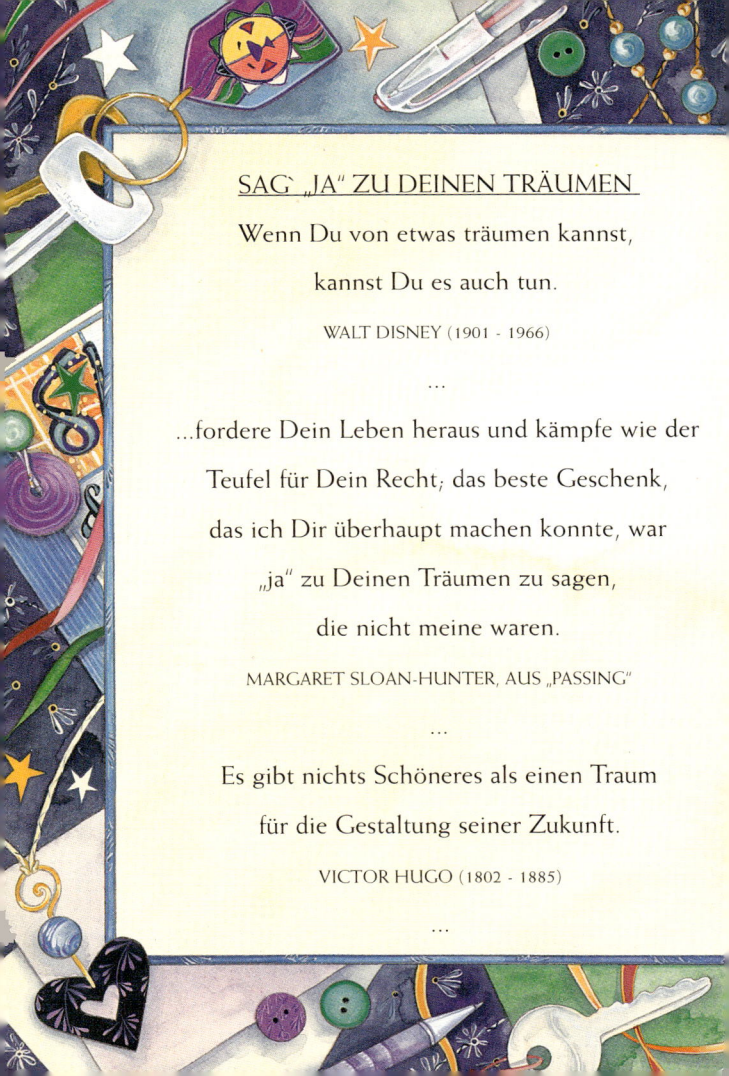

SAG "JA" ZU DEINEN TRÄUMEN

Wenn Du von etwas träumen kannst,

kannst Du es auch tun.

WALT DISNEY (1901 - 1966)

...

...fordere Dein Leben heraus und kämpfe wie der

Teufel für Dein Recht; das beste Geschenk,

das ich Dir überhaupt machen konnte, war

"ja" zu Deinen Träumen zu sagen,

die nicht meine waren.

MARGARET SLOAN-HUNTER, AUS "PASSING"

...

Es gibt nichts Schöneres als einen Traum

für die Gestaltung seiner Zukunft.

VICTOR HUGO (1802 - 1885)

...

Ich kenne einige Deiner Träume: mit den
Delphinen um die Wette zu schwimmen;
die Küche quer durch Belgien
„durchzuprobieren"; an einem weißen Sandstrand
unter rauschenden Palmen zu schlummern;
in Kanada Ski zu fahren;
in Hongkong einzukaufen;
in einem rasenden Katamaran dahinzusegeln;
armen, verstoßenen kleinen Katzen
ein Heim zu geben;
über das Hochmoor zu reiten;
Tee im Ritz zu trinken oder
im Orient-Express nach Venedig zu reisen.
Tu` es doch alles.

PAM BROWN

...

GEH` AUS DIR RAUS !

Die Welt ist da draußen - und wenn Du nur arbeitest,
siehst Du nur einen Bruchteil davon,
bis Du „von der Stange fällst".
Also - hol` Dir Bücher, hol` Dir Broschüren,
such` Dir Arbeit, spare Geld und
dann packe alles zusammen und los geht`s.

PETER GRAY

...

... Du mußt immer nur gut von Dir denken und
Deinen Wert erkennen. Du bist mehr wert, als Du glaubst.
Vergiß` das nicht, besonders nicht in
Deinen dunkelsten Momenten.

TEENA AN IHRE TOCHTER KRISTI

...

Du mußt selbst viel für Dich wollen: viel Liebe,
anspornende Erfahrungen, umfangreiches Wissen, anderen
etwas geben zu wollen und viele Betätigungsfelder für
Deine eigenen Fähigkeiten. Finde Dich nicht ab mit einem
kleinen bißchen von jedem.

NUN HUNT, AUS: „BETWEEN OURSELVES"

...

Heute ist das Ende vom Anfang. Die Probe ist vorbei -

die Vorbereitungen für die echte Vorstellung sind

Vergangenheit. Du hast gelernt zu lernen.

Du hast gelernt zu lieben.

Nun mußt Du an Bord gehen

für das wirkliche Abenteuer.

...

Die Welt ist sehr groß,

die Zahl der Menschen ist überwältigend.

Höre auf das Lachen und die freundlichen Worte.

Mögen sie Dich ermutigen,

so daß Du ebenso Aufmerksamkeit und Güte,

Hoffnung und Entzücken

in das Leben anderer bringen kannst.

MEINE WÜNSCHE FÜR DICH

Du sollst immer neue Wege finden, neue Abenteuer,
nach denen Du strebst, neue Kapitel des Lebens sollen
sich für Dich öffnen, neue Veränderungen,
die Dich herausfordern.

HELEN THOMSON, GEB. 1943

...

Genieße jede Jahreszeit, die kommt, atme die Luft,
trinke die Säfte, iß die Früchte und überlasse Dich
dem Einfluß einer jeden Zeit.

HENRY DAVID THOREAU (1817 - 1862)

...

Lebe alle Tage Deines Lebens voll aus.

JONATHAN SWIFT (1667 - 1745)

...

Ich wünsche Dir die Schönheit der Stille,
den Ruhm des Sonnenlichtes,
das Geheimnis der Dunkelheit,
die Kraft der Flamme,
die Macht des Wassers,
die Süße der Luft,
die ruhige Stärke der Erde,
die Liebe, die in den Wurzeln aller Dinge liegt.
Ich wünsche Dir das Wunder des Lebens.

...

Ich wünsche Dir alle guten Dinge, besonders die Gabe,
loslassen zu können. Lerne aus Sorgen und Fehlern.
Und dann mach` weiter. Und vor allem wünsche ich
Dir Mut, er erledigt gewöhnlich alles andere.

PAM BROWN

...

Ein bißchen Gesundheit, ein bißchen Wohlstand,
ein kleines Haus und Freiheit. Und noch zum Schluß
einen guten Freund und ein bißchen Grund dafür,
daß man ihn braucht.

AUTOR UNBEKANNT,
AUS EINEM STICKSPRUCH AUS DEM 19. JAHRHUNDERT

...